문학사랑시인선 53

도라지꽃 연가

이재봉 시집

오늘의문학사

국립중앙도서관 출판시도서목록(CIP)

도라지꽃 연가 : 이재봉 시집 / 지은이: 이재봉. -- 대전 :
오늘의문학사, 2017
p. ; cm. -- (문학사랑 시인선 ; 53)

ISBN 978-89-5669-842-7 03810 : ₩12000

한국 현대시[韓國現代詩]

811.7-KDC6
895.715-DDC23 CIP2017020915

도라지꽃 연가

■ 시집을 내며

까만 밤 별들이 무수히 많다.
어둠 속에 갇힌 저 별들 중에
지난밤 그리움에 눈물짓던 별 하나
이 땅에 내려와 하얀 산도라지꽃으로 피었다.

사랑보다 슬픈 그리움이
그리움보다 아픈 이별이
마음의 상처에 박힌 세월들은
언어로는 표현하기 힘든 나날이었다.

산도라지꽃으로 피어 외딴 산모퉁이에서
홀로 기다리는 아내 임승예실비아 영전에 이 책을 바친다.

책을 내면서도 걱정스러운 것은 내 개인의 아픔이
독자들에게도 전이될까 두렵다.
사랑, 그리움, 이별의 삶이 오로지 나 혼자만의 아픔이길 바란다.

그리움의 끝자락에서나 당신을 만나리라.
아픈 마음 달래 주신 오늘의문학사에 감사드린다.

2017. 9.
둔지미 마을에서

1부 강마을에서

2부 이별의 뒤에 서서

3부 가을에 만난 친구여

4부 나를 외롭게 하는 것들

1부

강마을에서

강마을에서

은빛 낮달이 잠든
강물 위로
석양 노을이 내리면
숨어 핀 풀꽃들이
별들처럼 피어나고
잠시 머문 구름들도
소리 없이 떠난 자리
달맞이꽃 되어 홀로 서 있다.
바람에 흔들리는 물너울 너머
외딴집 불빛이 깜박이면
외로운 가슴을 흔들던
네 빈 자리가 아쉬워
아직도 떠나지 못한 바람
강마을에 별과 함께 잠든다.

간월도*

달빛이 아름다워 달을 보다가
절이 된 섬이여
중생의 번뇌를 보듬는
낙조에 물든 간월사.
더러는 외로워
님에게 발길을 열어주고,
더러는 혼자가 좋아서
물길로 막아두고,
바위섬에 고요히 머무는 달빛
파도 소리만
달빛을 잠재운다.

* 간월도 : 충남 서산 AB지구에 있는 작은 섬

물억새꽃

찬바람 모퉁이 도랑물 곁
밤새워 하얀 달빛을
온 몸에
하얗게 받고 서서
별처럼 속삭이던 그 날의
당신이 그리워서
가늘게 흐르는 물소리에
당신의 이름을 불러보는
하얀 추억들
그리운 맘
바람에 하나씩 날리고 있다.

파도

모래알 같은 밀어들을
내게 안겨주고
끝없이 밀려와 가슴에 안기는
그 느낌이 너무 좋아라.

머무르면 퇴색할지도 모른다며
잠시 물러났다가
노을 데리고 다가와
나를 그대 속에 취하게 하는
그 사랑이 너무 좋아라.

해송 사이로 빛나는 은물결
너울 되어 춤추며 다가서는
바다 같은 날들의 환상
곁에만 있어도 울렁이는
행복한 동행이 너무 좋아라.

오래 된 친구

50년도 더 된 씨간장 같은 친구가 있어서
못 보면 눈물나도록 보고픈 친구가 있어서
언제라도 두 팔 벌려 안을 수 있는 친구가 있어서
촉촉이 젖은 이 마음을 햇볕에 말려 줄 친구가 있어서
굳이 말하지 않아도
굳이 귀 기울이지 않아도 통하는 친구가 있어서
만남 하나하나에 의미와 가치를 두지 않아도
그저 눈빛 하나만 보고도 그저 몸짓 하나만 보고도
내 사랑은 그대 그릇 안에 오롯이 담겨 있습니다.
친구 사랑도 내 안에 소록소록 쌓여듭니다.

친구

지난봄엔
연둣빛 새싹이 예쁘다고
전화를 주었더니

늦여름
어느 해질 무렵
낙조가 아름답다고
분홍빛 카톡을 보냈다.

가을 코스모스 길에서는
달빛이 고즈넉한 한가로움을
그리움 가득
손글로 곱게 적어
꽃잎과 함께 달빛을 보냈다.

첫눈 내리는 날
아직도 버리지 못한 약속
그 날의 추억을
떨리는 목소리로
하얀 우정을 손전화에 보냈다.

오서산*

진초록 물감으로 뒤덮인 적막
흰구름 한 점
솔숲을 스칠 때마다
화려하게 쏟아지는 햇살 사이로
숨어 핀 산꽃들의
여린 순정을 깨우는
그칠 줄 모르는 기다림의 눈빛
금자동 계곡을 흐르는
작은 물소리들이 한낮을 깨우면
누가 빈 가슴을 달래려
그리움의 연등을 월정사*에 달아놓고
젖은 가슴으로 내려오다
명대계곡 입구에
망초꽃 무리로 피어있다.

* 오서산 : 충남 보령시 청라면에 있는 산
* 월정사 : 오서산 중턱에 있는 절

안나 요양원*에서

첩첩산중 산꽃에 덮힌 작은 집엔
사랑에 목마른 사람끼리
산꽃 향기에 젖어
푸르름 풋풋한 향기에 젖어
산뻐꾸기 울음과 함께 살고 있다.

낮내 지치고 힘든 영혼도
성모 마리아상 앞에서 묵주 기도로
창가에 떠있는 뭇별들과 함께
가지런히 두 손 모으면
새벽이슬처럼 영롱히 살아나는
촛불 같은 섬김의 정성

망초꽃 질편한 산속에
욕심 없는 동행을 실현한
수녀님 맞이 방, 빈 나그네의 방
수산나의 집에서 본 당신은
주님의 사랑스런 외로운 종.

보리수 열매 같은 빨간 열정이

백발노인들의 하얀 웃음을 만들고
밤꽃향 같은 진한 기도가
산꽃 같은 사랑을 피워내듯이
이 밤 안나 요양원엔 별도 많이 떠 있다.

* 안나 요양원 : 충북 영동군 용화면 용호리 산속에 있는 작은 요양원

어머니의 치성

성황당 돌 제단 위에 놓은
고사떡 하나에도
두 손 가지런히 모으고
장독대 위에 떠 놓은
정화수 한 그릇에도
별이 되신 어머니의
기도가 잠겨 있다.

수숫대 같은 어머니의 손끝마다
주문처럼 외는 기도
흙 묻은 무명치마
가난 속에서도
자식 위해 빌던 치성
지금은 어머니 빈 가슴만
내 가슴에 별로 떠 있다.

노을

얼마나 많은 날들을
저 노을은 혼자서 붉었을까요?
이제 누가 사랑을 시작하려나 봐요,
노을이 저렇게 붉은 걸 보니.
땅거미 지는 서녘 하늘 가
노을 너머 샛별이 떴어요.
외로운 몸짓을 노을은 아는가 봐요.
홀로 뜬 저 별까지 동행할
이 세상의 축복처럼
노을은 붉어졌어요.
샛별이 가슴에 박혔어요.
이제 누가 사랑을 시작하려나 봐요,
저 노을이 저렇게 붉어졌으니.

들꽃

들꽃은

새벽별의
맑은 영혼을 닮는다.

보랏빛 구름의
노을을 가슴에 안고

밤마다 계곡물 소리에
순정을 닦아내며

유순한 바람에
욕심의 그늘을 날리고

초록잎에 매달린
윤슬의 속삭임에 눈을 뜬다.

당신이 아름다워 보일 때

거짓 없는 맑은 눈으로 세상을 바라보며
마음에서 나오는 예쁜 미소 지을 때.
상대방의 잘못을 알고 있어도
넓은 아량으로 용서의 손을 먼저 내밀 때.
항상 제자리에 머물러 있지 않고
진취적인 생각으로 세상을 바라 볼 때.
아주 작은 것도 소중히 생각하고
어려운 이웃에게 따뜻한 눈길이 머물 때.
모든 이들에게 겸손한 마음으로 대하며
약한 사람들에게 사랑의 손을 내밀 때.
항상 하느님의 사랑을 실천하려고
기도하는 삶을 살고 있을 때.

해돋이

하루아침마다 선물을 받지요
붉은 희망
그리고 처음이라는 신선함

힘들었던 어제도
아팠던 과거도
밤이라는 세정제로
모두 닦아내고
새로운 시작의 열정

하루아침마다 선물을 받지요
아름다운 진실
그리고 아침노을에 눈뜨는 순수.

그리움

찬 겨울 추운 새벽
상현달은 반쪽이 나있는데
내 마음마저 조각난 달처럼
창가 나뭇가지에 매달려 있고
하얗게 서린 창에 그린 님의 얼굴
지워도 나타나고 또 그리면 사라지고
얼어붙은 추억들이
내 가슴에 박힌다.
멀리 눈꽃 된 나목裸木들이
가로등에 기대어
님을 기다린다.

고향집에 뜬 별

당신이 외로운
옛날 사람이 되어 있다면

낮내 고단한 하루가 땅거미 지던
호롱불 속에 잠기던 포근한 고향집
거기 살 냄새 맡으며 잠들던
갖은 가난 다 이긴 샛별 하나 떠오르리.

가을 찬바람 허허로운 밭이랑
수숫대가 손짓하는 하얀 달빛이
유년의 손짓이라 생각하며
그리움의 노래라도 부르면
지난날들이 조금은 위안이 되리.

작은 양지꽃 입에 문 실개천 흐르던 봄
유난히 푸르던 솔숲바람 소리가 싱그러운 여름
달빛 창가 귀뚜리 소리에 잠을 청하던 가을밤
하얀 폭설에 작은 조가비처럼 누워 잠든 고향집

먼 훗날
우리 다 같이 늙어진 벽 앞에서
고향집에 뜬 별 하나 가슴에 달고
위안의 집이라 생각하며 살리.

꽃과 여인

봄빛이 무르익어가는
어느 봄날
양지바른 돌담 밑에 숨어 핀
제비꽃을 보면
어릴 적 꽃반지 끼워주던
소꿉친구 순임이가 생각난다.

지루한 장마가 개인
화창한 여름날
뒷산 어귀에 화려한 웃음으로 핀
호랑나리꽃을 보면
열아홉 순정어린 첫사랑 그녀
화사한 미소가 생각난다.

파란색 도화지에 그려진
유채색 가을날
동네 어귀 언덕에 하얗게 핀
억새꽃을 보면
지금쯤 어느 하늘 아래 늙어 갈
하얀 그리움이 손짓한다.

온 세상이 하이얀
엄동설한 겨울엔
앙상한 가지마다 맺힌
맑은 얼음꽃을 보면
세월이 많이 흘렀어도 변하지 않을
그녀의 하얀 순정을 생각한다.

날씨 예찬

햇살 눈부신 날 뜰에 나서면
달콤한 꽃향에 취해서 좋고
어디론지 나들이 가고픈 유혹에
화사한 옷을 입고 나서는 뽀송한 외출이 좋다.

흐린 날 구름 흐르는 창가에 서면
옛사랑이 생각나서 그리움에 젖어
그래도 나를 위안 삼을 수 있는
비를 기다릴 수 있어 좋다.

바람 부는 언덕에 서면
어지러웠던 지난날을
시원한 바람에 날리며
과거를 조금은 잊을 수 있어 좋다.

안개 낀 가로수 길에 서면
나의 알 수 없는 미래가
어디론지 이끄는 것 같은
미지의 그곳을 찾아가는 포근함이 좋다.

비 내리는 창가에 서면
비련의 아픔도 닦아내는 세찬 빗방울이
아늑한 혼자만의 공간에서
깊은 사색을 할 수 있게 함이 좋다.

눈 내리는 거리에 나서면
어느 날보다 밝은 얼굴들이
약속은 없어도 새로운 사람을 만날 것 같은
막연한 기다림이 있어 좋다.

나 어린 시절엔

키 작고 마음 작은 어린 시절엔
작은 벽장문 속에 숨어서
수수엿 단지에 손가락을 넣고
생쥐처럼 몰래몰래 핥아 먹었지.

노눅굴* 가는 소로에서
삐비풀 뽑아 손떡 만들어 먹고
아침마다 호밀대 꺾어
감꽃을 줄줄이 꿰어 하나씩 따먹으며
뒷마당 언덕에 올라가서
뱀딸기 따먹으며 뱀 나올까 두려워했었지.

마당가 느티나무 그늘에 앉아
공기놀이에 시간 가는 줄 모르고
사금파리 올망졸망 모아놓고
소꿉놀이에 해지는 줄도 몰랐지.

자운영꽃 질펀한 논으로 달려가
뒹굴며 씨름하던 날은
검정 고무신으로 뒤웅벌 잡아다가

꿀만 빼먹고 날리는 잔인함도
독새풀 씨 바가지로 훑어다가 볶아먹던 것도
모두 배고픔을 이기려는 몸부림였지.

비개인 날 산마루 뜬 무지개
용이 올라갔다는 용둠벙에 뿌리를 박고
산 너머 신선이 사는 곳에서
무지개다리를 건너 하늘나라로
선녀가 올라갔다는 전설을 들으며
어머니 무릎에 누워 잠들곤 했지.

질마재* 넘어가는 맑은 계곡물에서
알을 가득 품은 가재를 잡아다가
옹달샘 파놓고 가두어 기르다가
어느 비 그치고 갠 날 빈 옹달샘만
다래 덩굴에 덮여 있을 때
아쉬움 가득 안고 계곡을 내려 왔었지.

햇살 맑은 가을 날엔
메뚜기 잡으러 누런 들판을 내달리고

깨금이며 어름, 머루, 다래를 따러
산판을 오르내리며 맛 본 산내음
가을 단풍 형형색색 책갈피에 모아
손편지에 동봉하며 사랑을 가꾸어 나갔지.

* 노눅굴 : 충남 보령 옥계 고향에 있는 골짜기
* 질마재 : 충남 보령 옥계에서 청소로 넘어가는 재

선물

누군가 내게 낙엽 한 장
선물로 준 가을
고이 책갈피에 넣어
그 마음을 떠올리며
기억하리.

누군가 나에게 따순 사랑
고운 눈빛을 보내 준 가을
그 사랑 마음에 간직하고
나도 남을 위해
더 많은 사랑 나누리.

유리알보다 맑은 그대 그 눈망울이
고운 사랑의 빛으로 물든 가을
내 삶의 책갈피에 낙엽처럼 끼워
무지개보다 더 고운
형형색색의 꿈을 꾸리.

빗속 여행길에서

비 내리는 아침
홀로 떠나는 여행길에서
문득 외로움이 가슴에 밀려오면
예전 어느 찻집에서 마주보던
따슨 눈빛의 그 사람이
사랑이라 여겨도 좋습니다.

낯선 풍경이 차창으로 다가올 때마다
언뜻언뜻 스치는 얼굴이
따스하게 다가와 마음에 평안을 주면
난 지금 좋은 사람을 사랑하고 있다고
생각해도 괜찮습니다.

차창에 빗방울이 얼룩질 때마다
가끔씩 닦아내는 와이퍼처럼
내 삶에 어둠이 올 때마다
곁에 다가와 마음을 닦아주며
위안을 줄 사람이 있다면
그를 사랑이라 불러도 좋습니다.

사랑을 위하여

더 밝은 별을 보기 위해서는
더 깊은 산 속으로 들어가야 한다.

더 청초한 꽃을 만나기 위해서는
맑은 물 흐르는 계곡 곁에 있어야 한다.

내 마음 이렇게 어지러운데
어찌 순결한 사랑을 기다릴 수 있는가?

별들이 이슬 안에 잠들 때처럼
내 사랑도 고요 속에 잠들 수 있을까?

눈썹달 지는 하루가 노을에 지면
어둠은 별들을 위해 탄생한다.

향기 나는 꽃도 열매를 위해 지듯이
내 하루도 사랑을 위해 살고 있다.

당신 때문에

어젯밤 홀로 뜬 초승달도
새벽 늦도록 아침을 기다리던 샛별도
당신 그리워 이슬이 되었지요.

불타던 노을이 어둠에 묻힐 때
이유 없이 서글펐던 것도
당신이 그리워서였지요.

온 종일 당신 생각으로
힘들어 하다가
끝내 내 가슴에 비가 내립니다.

그립다는 건 남은 사람의 몫인가요,
사랑한다는 건
이별의 다른 이름인가요?

아침마다 내 가슴에 맺히는 이슬
사랑 때문입니다.
당신 때문입니다.

천태산*으로 가자

마음이 외로울 땐
천태산으로 가자.
바윗길에 매달려 내 삶을 돌아보고
너덜길에 앉아서 하늘을 보고
내 삶의 확신 없는 사색이
아직도 깨지지 않는 고정관념이
하산길
영국사*에 들러 부처님 뵈올 때
지치고 힘든 번뇌의 하루
모두 버리고 새로운 눈 뜸으로
듬직이 지켜주던
천년 묵은 은행나무 묵은 둥치에
새 가지가 자라고
폭풍우에 찢긴 상처는 깊어도
이듬해엔 어김없이 희망을 내놓는
거기에 나를 맡기러
천태산으로 가자.

* 천태산 : 충북 영동군에 있는 산
* 영국사 : 천태산 아래에 있는 사찰

유예된 사랑

하늘 저 회색빛이
언제나 어둠은 아니란 걸
그대 눈빛을 보며 알았던
지난 봄
그대는 없어도
꽃자리는 혼자서 붉고
바람이 쓸쓸한 동한에도
잎눈은 혼자서 커가듯이
난 그대 눈빛을 혼자서 사랑했어요.
하얀 별 뒤에 뜬
초승달도 새벽 늦도록
기다림에 홀로 지쳐지더이다.
그래도 기도 같은 날들은
희망을 버리지 않았고
오늘 이 기다림을 사랑이라고
그대에게 노을 한 점 보냅니다.

기도

기도하지 않으면
보이지 않던 길도
기도하면
보이는 것은

희망이다.

도라지 꽃

2부

이별의 뒤에 서서

당신을 사랑합니다

명자나무꽃 사이에 숨은 수줍은 봄처럼
조팝나무꽃 사이로 떠난 하얀 순결처럼
산벚꽃에게 남기고 간 당신의 수수함처럼

나는 당신을 사랑합니다.
나는 당신을 그리워합니다.

봄꽃이 지기 전에
당신이 머물던 그 창가에
오신 듯 아니 오신 듯
고운 빛 물들이고 돌아가소서.

이별의 뒤에 서서

하늘길로 떠났다기에
요즘 하늘을 자주 봅니다
당신이 너무 보고 싶어서.

노을 지는 저녁마다
기다릴 사람이 없기에
빈 서녘 하늘을 멍하니 바라봅니다.
당신 떠난 그 자리가
너무 허전해서.

조팝나무 하얀 꽃들이 배웅하는
비 내리는 정수원* 길가엔
당신의 마지막 그 애절한 눈빛처럼
연초록 빗방울이 나를 울리고

부활절 하늘 문이 열려 있기에
당신은 산벚나무 숲 사이로 난
작은 산길로 멀어져 간 하얀 연기처럼
혼절하는 사랑 앞에서도
묵묵히 이별했지요.

이승에서 평생 병마와 고통 속에
아파하며 살았기에
저승에서는 아프지 말고 살아달라고
울면서 기도하는 나의 간구가
하늘에선 꼭 이루어지겠지요.

이별의 뒤에 서서
돌아오지 않을 길을 황황히 떠난 당신에게
먼 훗날 저승에서
헤어져 있던 시간의 기억들을
정스럽게 얘기할 날을 위해
이 슬픔 남겨 두렵니다.

* 정수원 : 대전 정림동에 있는 화장장

이별

당신이 머물던 둥지는
비어 있습니다.
사랑 냄새 달콤하던 그 자리도
비어 있습니다.
풍성하던 꽃, 잎새
모두 버린 깊은 겨울 산길에서
상고대처럼 투명 얼음으로 옷 입은 마른 가지는
엄동설한의 겨울, 뼈 시린 고독일 텐데
해 뜨면 녹아 사라질 허무 같은 미련이었습니다.
당신은 떠났지만 난 당신을
아침마다 이슬처럼 매달고 살아가는
가냘픈 나뭇가지일 뿐입니다.
차가운 바람이 부는 이 동한에
얼어붙은 꽃눈, 잎눈에도
당신이 두고 간 따슨 정 때문에
봄은 오겠지요.
빈 둥지에
아침노을이 나를 위로합니다.

노을 1

하루가 온 종일
님 생각에 젖어 있다면
그 마감은 가슴 아린 노을이다,
붉은 노을이다.

돌아오지도 못할 길
해 저무는 들길에서
하늘길에 대고 이름만 부르다
풀잎처럼 스러질 노을이다.

님이 떠난 길

해 저무는 강 언덕에 앉아
흐르는 강물처럼 지난날들을
가만히 손 얹어 어루만지며
달맞이꽃 순한 미소를 남겨주고
님이 떠난 저 하늘가 별빛만 가득한데
걸어갈 길도 아득한 외로운 여정
풀그늘에 숨어 밤새 우는
나는 한 마리 풀벌레,
달빛 머무는 강촌에서
물길 따라 떠나간
물너울 속의 달그림자
님이 떠난 길.

날마다

날마다 새로운 내 마음이
꽃다지 노란 꽃 피어나듯
그대 그리운 사랑 꽃밭에
몽실몽실 피워 올리는
햇빛이 되었으면

하루가 온통 그리움뿐이라면
라일락 자줏빛 꽃 피어나듯
그대 머릿결 향기 같은
라일락 향 방안 가득 채워주는
한줄기 바람이었으면.

하얀 쌀밥

늦은 저녁 나는
혼자라는 것이 싫어서
하얀 쌀밥을
밥솥 가득 앉혔다.

김이 모락모락 오르는 하얀 밥그릇
그러나 나는 한 숟가락도 못 먹었다.
이 밥도 못 먹고 쓸쓸히 떠난
당신이 생각나서.

나의 나라 당신의 나라

당신의 영토에 가보고 싶은 그리움이
숲이 되어 부푼 연초록 봄날
이별의 두려움에 밤새 떨던
먼 숲가 어딘가에서
깜박이는 별이 되어
당신의 체취를 내 안에 재워주고
아무 말도 없이 떠나가 버린
나의 나라 당신의 나라.

속울음만 울던 슬픈 별이 되던 날
가난한 가슴을 눈물로 안아주던
아무 말 없이 스치우듯 다가와 서서
창백한 볼을 부비면서 눈물을 닦아주던
별밤에 내려온 하얀 산도라지꽃
애련한 삶을 보듬어 안아다가
화려하진 않지만 은은한 별빛처럼
서로에게 다다르는 은하수길 오작교
나의 나라 당신의 나라.

그대 떠난 뒤에는

그대 떠난 뒤에는
아슬아슬하던 응급실 수은등도
가슴 졸이던 중환자실 앞의 이름표도
먼 하늘 외딴 별처럼 사라졌습니다.

눈물도 마른 어느 초여름
외롭던 산길에는 풀꽃 한 송이 피지 않고
저녁노을마저 사라진 당신 묻힌 산길엔
빈 신작로 흙먼지만 날립니다.

저녁마다 찾아오는 희망이 무너진 빈 둥지
밤의 나뭇잎 사이로 비추는 희미한 별빛
밤마다 기억되지 않는 수많은 기도
이별의 열차에 허상을 태우고 갑니다.

탄방동 성당에서

당신 살아 소원처럼 바랐던
손잡고 다니자던 탄방동 성당
끝내 들어주지 않았던 당신 소원을
당신 떠난 뒤에 후회로 남아서
일주일에 두 번 미사를 드립니다.
수녀님은 실비아가 하늘에서 기도로
나를 인도하셨다고 기뻐하시고
신부님은 축복의 안수를 주셨습니다.
당신 보고 계신지요?
당신이 남기고 간 자식, 손녀, 그리고 나
모두 성전에 앉아 기도 드리는 모습
거기 그 자리에 당신도 계시지요?
성모 마리아님, 예수 그리스도님,
이 세상 끝날 때까지 저희와 함께 하소서.

* 탄방동 성당 : 대전 탄방동에 위치한 성당
* 실비아 : 아내의 세례명

유월에 쓰는 편지

사월 보름날 쑥국새 우는 정림동 길 너머로
당신은 영원히 돌아오지 못할 길을 떠났습니다.
조팝나무 하얀 꽃들이 배웅하던 빗길
평생 당신의 친구들은 꽃이었기에
작은 새싹 하나, 꽃 한 송이 소중히 여기던
그 순수한 마음을 생각하면
봄꽃이 피어날 적마다 가슴이 꼭 메일 것 같습니다.
사랑하는 사람을 잃은 사람들은
작은 들꽃 하나에도 님을 연관 지어 그리워합니다.
당신을 잃고 나서 한동안 밖에 나가는 것조차
두렵기만 하였습니다.
마치 꽃에게도 죄를 지은 것 같아서입니다.
이제 당신 그리우면 꽃 보러 가렵니다.
당신은 꽃이었으니까요.

도라지꽃 연가 1

비 내리는 유월 어느 날
한 점 먹구름 스치듯 지나는
괴곡동*시립 납골당 옆 산기슭에
당신 혼이 하얀 도라지꽃으로 피어나서
먼발치 목 늘여 자식들을 기다리는 모습을
빗방울과 함께 보았습니다.

얼마 전까지 병실에서 하얗게 마른 몸으로
병마와 싸우며 안간힘으로 붙잡던 목숨
애절히 오열하던 통곡을 뒤로한 채
당신은 하얀 도라지꽃으로 환생하셨습니다.

밤마다 홀로 피어있을
하얀 도라지꽃 당신 생각에
나도 이 밤 내내 잠을 못 이룹니다.

* 괴곡동 : 대전 시립 납골당이 있는 곳

도라지꽃 연가 2

당신이 떠나기 전에는
나는 그저 수수한 망초꽃처럼
당신을 보았었습니다.

당신 떠난 그 순간부터
내 삶은 후회로 점철된 나날들
당신의 삶은 하얀 순결로 맺은
한 떨기 하얀 산도라지꽃

오늘도 당신 그리워 찾아간 산길
오늘 하루라도 바람과 함께
꽃 속에 머물고 싶습니다.

도라지꽃 연가 3

구봉산*자락에 두고 온 당신의 넋이
어느새 한 송이 하얀 도라지꽃이 되어
풀벌레 소리 꽃잎에 담아두었다가
서글픈 노래로 속삭이네.

새벽 한 줄기 빗물에 세수하고
초저녁 별들에게 내 안부를 물으며
살아서 나를 기다리던 일상처럼
구봉산 기슭에서 바람에 기대어 서 있네.

하현달 조각처럼 반으로 나뉘어
당신은 저승에서 나는 이승에서
떠도는 발자국마다 이슬을 매달고
손짓하며 부르는 애달픈 도라지꽃.

* 구봉산 : 아내가 묻힌 정림동 뒷산

외로운 침묵

우거진 숲길 소로를 홀로 걸으면
침묵이 오히려 슬픔으로 다가와
외롭다는 것이 미래를 향해가는
어두운 터널을 지나가는 바람 같은 것
언뜻언뜻 보이는 슬픈 너의 미소가
구름 사이로 보이지만
지금껏 버리지 못한 미련 때문에
홀로 걷는 이 길이
더 외롭답니다.

비가 오는 날엔

꽃잎에 내리는 빗줄기마저
아픔이 되어
삶의 피난처가 어딘가
아픈 마음 둘 곳 없어
비우산 아래 매달려
하염없이 내리는 빗줄기 사이로
정처 없는 이 마음
갑자기 신열 나는 그리움이
나를 슬프게 합니다.

외딴 마을 찾아 떠나는
외로운 여행길
길가에 핀 작은 풀꽃에게 보내는
빗속의 독백이
하루 온 종일 내 언어의 전부입니다.

사랑보다 슬픈 그리움이
그리움보다 아픈 이별이
하느님의 뜻이라면
내게 주신 하루는
숙명이라 여기며 살겠습니다.

도라지 꽃

3부

가을에 만난 친구여

춘분

아직도 낯설기만 한
차가운 바람이 지나는 돌담 밑
노오란 꿈을 꾸는 아이가
숨어, 가슴에 묻은 사랑을
조금씩 내밀어 보이는
어설픈 눈길이 슬프다.

겨우내 아프며 자란
청보리 바람결이
살며시 내려앉은 골이랑마다
산기슭에서 눈 비비며 찾아 온
산수유 애처로운 꽃망울들의 몸부림에
기다림으로 이어온 날들이 애처롭다.

그대, 운명처럼 맞을 봄이라면
차가움도 몰아내고, 어두움도 걷어내고
살구꽃 연분홍 마음으로
그리움의 씨앗을 심으면서
강나루 작은 언덕에 서 있는
갈대처럼 봄을 기다리며 살자.

그대에게

자유로워져라.
스스로 만든 울타리를 허물고
마음으로부터 자유를 찾아라.
봄이 무거운 옷을 벗고
꽃으로 환해질 때 행복하다.
나로부터 간섭 받지 않는 여유로움이 행복이다.

사랑하라, 맘껏 사랑하라.
내가 좋아하는 모든 것을
누릴 수 있을 때까지 누려라.
빈 몸으로 서서 맞는 바람은
너무나 차다.
바람을 막아줄 사랑 곁에 있어라.
고독은 일종의 버려진 시간이다.

노력하라.
돈 벌기 위해서가 아니라,
행복해지기 위해서 노력해라.
인생은 소모품이 아니다.
내면의 창작을 반복하는

끝없는 도전이다.
나를 통해 얻은 새로움은
시간이 지날수록 더 빛난다.

너를 바라보아라.
바람과 함께 창가에 서면
너에 대한 고요한 관조가
네 모습을 볼 수 있는 눈이다.
때론 비극도 아름답다.
네 마음에 천국이 있을 때만 그렇다.
너를 알면 세상이 가볍다.

기도하라.
끝없이 기도하라.
기도는 희망을 가슴에 품는
첫 의식이다.
너의 간구가
뭇 사람들의 위안이 된다.
참으로 지극히 사소한 행복도
늘 감사하며 기도하라.

꽃불

— 연산에서

계룡산 아랫동네에는
집집마다 울안 마당에
꽃불을 켜고 살고 있다.
살구꽃, 복사꽃, 매화꽃, 박태기나무꽃
사립 밖엔 앵두나무 꽃등불 가득

작은 도랑 곁에 노랑별 영춘화가
숨어 핀 수줍은 한적한 동네
혹한의 추위 뒤에 별로 뜬
물양지꽃 같은 그녀가
가슴 가득 꽃불을 안고 산다.

밤마다 사랑을 꿈꾸던
마당에 핀 환한 꽃불
애절한 사랑의 꽃노래가
고운 메아리로 남는 꽃들이
가로등처럼 켜지는 봄날.

사랑 4

별들이 달보다 멀리 있어도
가슴에 품고 살 수 있는 것은
아련한 그리움의 그 빛 때문이다.
사랑한다는 것은 은은한 빛
그 속에서 꿈꾸는 것이다.
밤이 어둠의 잔치라면
사랑 그것은 별들의 잔치다.
내 속에서 꿈꾸는 세상
멀리 떨어진 곳에서
비추는 은은한 별무리 빛
사랑, 거기 있다.

사랑 5

아프고 사나웠던 감정도
당신 앞에만 서면
유리창에 서린 서릿발처럼
입김만 대면 사르르 녹는
그런 사람, 그런 사랑.

아픈 마음 달래려
찬 가을비에 젖으며 걷다가도
당신이 부르면 한 걸음에 달려가
빗방울을 닦아주는 손길에
울먹이며 가슴에 안기는 사랑.

당신에 대한 소망, 아픔, 고뇌
따슨 바람처럼 안으며
바라만 보아도 가슴 설레는
산새 같은 순수한 눈망울로
하루하루를 여는 사랑.

함박꽃 사랑

꽃비 내리는 어느 봄
사립문 밖에 서서
수줍게 내 이름을 불러주던
함박꽃처럼 붉어진 마음의
그 애,
그 볼에 피어나던
함박꽃 첫사랑

진분홍 마음처럼
애처롭게 흔들리던 순정
초록 공단 저고리에 새겨놓고
봄바람 따라 떠나버린
그 애,
함박꽃 피는 봄이면
잊지 않고 내 생각에 젖어있겠지.

왕촌 마을에서 4

가을이 아파서
늦가을 왕촌 마을을 다녀왔다.
예전에 손잡고 건넜던 개울길 옆
퇴색된 갈대들과 망초꽃들만
찬바람 곁에 떨고 있었다.
산벚나무 잎들이 수북이 쌓인
산길에서는
가슴 저린 추억의 단풍잎들을 책갈피에
사랑의 밀어인 양
모아 갖고 돌아왔다.
저 억새꽃처럼 멀리 서 있는
당신이 그립습니다.
개울물 소리만 들어도
당신 목소리가 듣고 싶습니다.
해질녘
먼 노을 곁에 두고 오는 당신이
많이도 보고 싶습니다.

봄비 속에서

봄비가
가슴을 촉촉이 적시는 아침
서재에서 조용히 당신을 생각합니다.
첫 봄 꽃망울이 눈을 뜨듯
보고픈 마음 가슴 가득 차오름은
바로 당신에 대한 그리움 때문입니다.
꽃망울에 젖은 물방울
그 속에서 찾은 님의 미소
당신 생각에 젖어
창가에 비가 내리면
나는 당신 속에 하염없이 빠져듭니다.
그리움마저 비가 됩니다.

더 휴 펜션에서*

고운 빛 아침노을 잔물결에 밀려오는
하얀 백사장 변 수줍게 핀 해당화가
노을보다 더 붉은 영산홍을 등에 지고
해송이 어깨를 감싸 안은 잔디 뜰에
아카시아 향 깊은 내음 은은한 해변
아직도 지지 않은 동백꽃 몇 송이
신우대숲 바람이 스치고 있다.
멀리 호수 같은 잔잔한 물비늘 너머
외로운 작은 섬을 지키고 떠있는 목선
그대를 향한 사랑도
저 외딴섬 목선처럼 외로운 것인가.
밤새워 종려야자나무 꽃송이에 매달아둔
저 이슬처럼 위태로운가.
천리 밖 해변에 선 작은 꽃처럼
뒷산 애타게 울어대는 저 뻐꾸기처럼
돌절구 안에 낀 오래된 이끼처럼
나는 당신의 사랑을 기억하는
오래된 바람이고 싶은 걸.
당신 하늘에 매일 뜨는 별이고 싶은 걸.
오히려 그 기다림이 설움이 될 때까지

나는 당신의 사랑을
가슴에 꽃등으로 밝히며 살겠습니다.

* 더 휴 팬션 : 전남 신안군 해변에 있는 펜션

가을 사랑 1

항상 머물고 싶은 가을이여,
당신이 떠난 계절의 뒤편에서
당신이 잠든 낙엽 진 거리에서
앙상한 겨울이 오는 길목의 쓸쓸함이
유난히도 싫었는데.
당신의 억새꽃 옷자락을
놓지 못할 것 같아서
바람 모퉁이
이렇게 떨고 있어요.
그토록 사랑한 날들
그토록 그리워한 날들
한 무리 철새가 떠난 자리마다
외로운 날갯짓이 싫어서
나는 이 가을
망초꽃이 되어 서 있으리.

가을 사랑 2

하늘빛
파랗게

단풍빛
화려하게

우리 서로에게
깊게 물들이듯.

가을 길에서

여린 햇살 머물다 간
빈 들녘 언덕에
억새꽃 하얀 순정이
찬바람에 스치면
참, 고운
가을꽃인 당신을
지독히도 사랑했던 날
샛강 가득히 피워 오르던
갈대처럼 굳세게
가슴 가득 안으며 다짐했던
사랑의 언약들이
외딴집 마당 가 홀로 핀
황국처럼 송알송알 맺혀
가을 길에 피어난다.

단풍 길에서

눈 내리듯
고운 단풍이 내리오.

늦가을 어느 날
단풍 구경 가자던 내게
"내가 단풍인데 어딜 간다는 말이오."
앓아누워 힘없이 하던 말.

허공에서 당신이 내리오.
이 땅 위에 가득히 내리는
당신
고운 빛 가슴 속에 쌓아 두려오.

가을 강가에서

여름 철새들이 떠난 강가에 나가
강울음 우는 소리에 가슴적시며
가을이 오는 길목에 핀
망초꽃 사잇길에서
구월엔 누굴 사랑할까?
구월엔 누굴 용서할까?

이제껏 누굴 얼마나 사랑하며 용서했던가
하나 둘
꽃망울을 강물에 띄워 보내며
굽어 흐르는 물결 위로
나를 띄워 보낸다.

낙엽 길에서

낙엽을 밟지 마라.

언제 이처럼 내려놓을 줄도 모르는
나를 알기까지는
낙엽을 밟지 마라.

형형색색 이파리마다
폭풍우와 찬비와 섬광과 뇌성이
잠겨있으니
쉽게 이 길을 걷지 마라.

인생은 아름다우나
쉬운 길이 아니다.

가을에 만난 친구여

하얀 달그림자 호변에 지면
코스모스길 끝닿은 곳에
숲바람이 내려와 가을을 만들고
언덕에 핀 억새꽃 하얀 그리움을 만들어
이 가을 유년의 추억들로 수놓는
억새꽃 같은 그리운 이여!
네 속에 머물고 싶어
밤새워 손잡고 속삭인 노래
내 마음에 여울져
애기단풍 빨간 손짓들이
깊은 밤 별들을 부르고
나는 친구 안에 별을 심는다.
가을에 만난 친구여!
우린 가을처럼 살자꾸나.
낙엽 지는 거리에서 쓸쓸함을 달래고
별이 지는 하늘가에 그리움을 묻어놓고
소슬한 바람 따라
가을 낙엽수처럼
하나씩 하나씩 내려놓고
소년 소녀 같은 미소로

너와 내가 머물고 싶은
가을이 되어 만나자.

가을

한없이 높은 곳에서
파란 하늘이 내려와 서성이면
지난 밤 님이 그립다고
마음에 꽃 하나
님 닮은 코스모스
애처로운 사랑 밭에 피워내고
아침 이슬처럼 가버리면
난 그 뒤에 홀로 남은
소슬한 바람입니다.

물들이지 마십시오.
황혼의 단풍 길에 서면
님과 같이 걷던 가을 길
낙엽 되어 떨어진 거리가
가슴 깊게 우수로 다가와
혹 날 그리워하며
비에 젖은 나목처럼 떨고 있을까,
두렵습니다.

솔숲에서

솔숲 가지마다
별을 단다.
그리움의 별을 단다.

당신 체취가
바로 이런 솔숲 냄새

솔잎에 맺힌
맑은 이슬
눈망울

이슬 속에
별이 떠있다
당신.

자귀나무꽃

'엄마'라는 말이
너무 슬프게 들리던 날
몇 해 전 세상을 뜨신 엄마가 그리워
산을 찾았더니
엄마는 벌써 자귀나무꽃이 되어
산소 앞에 나와 서 계셨다
날 보고 싶어 기다린 눈물
꽃잎 가득 물방울을 매달고
밤마다 별을 보며 기다린
외로움에 지친 자귀나무꽃
가엾은 자주색 자귀나무꽃.

난蘭

낮내 봄바람 더불어
아악雅樂의 한 가락에 춤을 추더니
밤새 별밭에 앉아
산고産苦의고통을 이겨내고
반만 벌어진 꽃잎에
뽀오얀 무리진 물방울들이
짙은 향내 뿜어내어
봄햇살마저 혼절昏絶시키는
날렵한 버선발의 여인이여.

혼자만의 독백

가슴 시린 혼자인 시간마다
작은 바람결에도 가늘게 떨리는
이 연약한 감성 위에
석양마저 기운 잃은 날
늦가을
설익은 수숫대처럼
빈 밭에 홀로 서 있다.

사랑한다는 고백마저 이제
용기를 잃은 나이
달맞이꽃 얇은 꽃잎처럼
여려진 순정
홀로 뜬 저 샛별은
목마른 사랑을 알까.

4부

나를 외롭게 하는 것들

새벽에 내리는 눈

여명이 트기도 전
검은 빌딩 숲 사이로
하얀 눈 내리면
밤새워 앓던 그리움
내 맑은 영혼이
그대 앞에 춤추는
사랑인 것을.

처음 그대를 알아가던
그때의 환희처럼
사랑이 감동인 것을 알아가던
그때의 떨림처럼

그대에 대한 끝없는 소망
새벽길 하얀 눈 내린
새 길을 걷는 내겐
그대는 하얀
설렘인 것을.

새해 편지

하늘 저 회색빛이
언제나 어둠은 아니란 걸
그대 눈빛을 보며 알았던
지난 봄
봄꽃마저 지고
바람이 쓸쓸한 들길에서도
난 그 맑은 눈빛을 사랑했어요.
그러나 하얀 별 뒤에 뜬
초승달도 새벽 늦도록
기다림에 지쳐 홀로 지고
절망도 세월을 이기지 못하고
샛강 버들개지는 눈을 뜨고
찬바람은 까만 먹구름을
하얀 눈송이 가득 희망으로 만들며
우린 서로의 외투가 되어
만날 수 있다는 것이 희망이라 여기기에
마음에 등불을 켜 두렵니다.
그대여!

송년회

앙상한 숲길
마지막 보내는 해를
혼자 걷는 외길에서
버리는 것이
잊는 것이
사랑이라고
가는 시간의 뒷모습이
노을만큼 붉어진 눈자위에
지나간 날들만
눈물처럼 어린다.

눈 내리는 밤 1

첼로의 선율처럼
창밖엔 하얀 눈이 내리고
멀리 가냘픈 사슴 한 마리
그리움의 숲을 서성인다.

흰 눈이 쌓일 때마다
첼로의 저음은 더 가까이 오고
하염없이 내리는 저 그리움 뒤에
회색의 장막 같은 과거가
하얗게 하얗게 바래가고
나는 좀처럼 잠이 오지 않는다.

눈 내리는 밤
소복히 쌓인 그리움의 불빛은
창가에 머무는 은빛 선율이 되어
흰 눈이 밤새 내려
은빛세상이 오면
가로등도 말없이 잠들어
나는 님 그리워 흰 눈 같은 시를 쓴다.

눈 내리는 밤 2

눈 내리는 밤은
아름답다
고요하다
순수하다.

너 닮은 꽃
눈꽃.

눈 내리는 아침

하늘이 밤새워 꾼 꿈
누군가를 기다리는 하얀 꿈
그게 당신이었어요.
이른 새벽
그리움에 눈 뜬
창가에서 눈송이 하나, 둘
가슴에 쌓으며
오늘은 이렇게 하늘에서 오는 소식
축복처럼 내게 오기를
기다리고 있습니다.
눈 내리는 아침
나도 당신의 축복이 되면
얼마나 좋을까요.

하얀 달밤

사랑이 날 아프게 한 날
황폐한 들녘에 피어있는
하얀 망초꽃 들길을
홀로 걷는 달밤
잊혀지지 않는 아픔으로
하얀 허무가
달빛에 젖은 망초처럼
조용히 다가온다.

내가 좋아하는 여자

풀숲에 숨어 핀 작은 풀꽃 하나에도
보석을 발견한 듯 환호성으로 반기며
이른 봄 철모르고 핀
계절을 어긴 꽃들도 사랑으로 맞아주는
마음이 순수하고 너그러운 여자.

들깨수제비에 코를 훌쩍거리며
겉절이에 혀를 호호 불고
수수한 웃음으로 내 말을 받아주는
화장도 하지 않은 뽀얀 얼굴이
언제 보아도 싫지 않은 여자.

어떤 어려운 일이 닥쳐도
당황하지 않고 침착하게 행동하며
남자보다도 더 넓은 아량을 가진
연약해 보이지만 속이 꽉 찬
함부로 범접하기 어려운 여자.

만들어진 모습을 보이기보다는
있는 그대로의 모습을 겸손히

소박한 사치로 내보이는
누굴 만나도 똑같은 마음
변덕스럽지 않은 여자.

때론 난초 잎처럼 연약해 보이고
때론 아카시아 꽃처럼 하얀 순정으로
어렵고 힘든 사람을 보면
난초 향처럼 아카시아 꽃 향처럼
사람의 향기를 멀리멀리 내뿜는 여자.

아침에 조용히 명상하며 기도하고
낮에는 용기를 갖고 활기 있게 삶을 이야기하고
저녁에는 자신을 돌아보며 잠자리에 들며
이웃에 감사하며 하루를 마감하고
삶에 순응하며 자신을 사랑하는 여자.

2월 29일

내일이면 봄이잖아요.
그 봄 시샘하는 눈이 내려요.
2월에 덤으로 얻은 날
예쁜 님을 위한 소리 없는 행진곡
하얀 눈처럼
님의 사랑 꽃심에 앉을래요.

2월 그 꽃자리에
여물지 않은 사랑일지언정
4년을 기다리는 만남이기에
분분히 내리는 하얀 눈처럼
님의 품에 안길래요.

2월 동백

눈 내리는 2월 어느 밤
외로움에 잠 못 이루고
그리움에 눈을 뜨는 2월 동백冬栢
백설白雪이 분분한 창가에
야윈 볼을 부비며 서 있던
꽃망울
애처롭다.

밤마다 별을 보고 달을 보며
가슴에 안았던 혼자만의 순정
2월 겨울의 그 끝자락에야
떨리며 맞은 환희의 꽃망울
새 봄에 피우려나,
저 노란 꽃심에 숨은 사랑.

하얀 백야白夜
빨간 동백
내 마음에 그려진
2월 동백.

얼음꽃

첫새벽
물안개 피어오르더니
기어이 당신 눈물처럼 맺힌
버들개지 솜털 끝에
마알갛게 얼어버린 옛사랑의 꽃
지난밤엔 곱다란 노을 속에서
고운 꿈도 꾸었겠지.
이젠 당신 뒤에 서서
지난날들을 기억할게요.
얼음처럼 차갑게 헤어지던
이별의 꽃이라고.

나를 외롭게 하는 것들

겨울 눈보라치는 찬바람 모퉁이
빈 가지에 홀로 앉아 우는 어치 한 마리.

요양원 병실 휠체어에 앉아
자식 오기를 기다리는 노인의 힘없는 눈빛.

중환자실 희미한 불빛 아래
산소마스크를 쓴 환자의 하얀 발.

석양 노을 아래 유모차에 의지하고 나와
오지 않는 자식을 기다리는 등 굽은 어머니.

모두 사랑 때문에
외롭다.

설야雪夜

순종이다
조용한 순종이다
하얀 숨결 아래 엎드린
저 들녘의 나지막한 풍경들이
순한 짐승처럼 누워있다.

침묵이다
백색의 침묵이다
희미한 달빛 아래 엎드린
무채색의 하얀 언덕처럼
내 사랑도 이젠
하얀 침묵 속에 묻혀있다.

눈꽃 1

내가 사랑하는 사람도
가끔은 외로웁기에
예쁜 꽃이어도 우울할 때도 있으리라.
나목裸木처럼 찬바람 앞에 선
그 쓸쓸함을 스스로 견디기 어려워
가끔은 눈꽃처럼 하얀 이불을 덮고
너를 감싸 안고 싶은
한겨울의 눈꽃.

눈꽃 2

나도 지난 가을
세상의 옷
다 벗어버렸다면
나목裸木 위의 눈꽃처럼
저렇게 아름다워질 수 있을까,
아침마다 반짝이며 일어날 수 있을까.

사람도
비어 있을 때 아름답다.

| 작품해설 |

사별한 아내에게 바치는 눈물빛 연가

— 이재봉 시인의 4시집 『도라지꽃 연가』 작품세계

문학평론가 리 헌 석

(사) 문학사랑협의회 이사장

1.

우리의 삶은 만남과 이별의 정서 속에서 진행된다. 정서적으로 가까운 사람과의 이별은 가슴에 새긴 문신文身과도 같으리라. 이재봉 시인이 발간한 3권의 시집에 수록된 작품을 읽으면서 형언할 수 없는 아픔을 공유한 바 있다. 본인은 '그리움'으로 노래하고 있었지만, 그리움의 바탕은 '이별'이었다. 그의 내면에 그려진 그리움은 이별에 의한 화인火印처럼 지울 수 없는 것들이었다.

우리는 수많은 만남과 이별 속에서 살아가지만 대부분의 이별은 부지불식간에 흘러가 버리는 구름과도 같다. 오로지 좋아하는 사람, 사랑하는 사람과의 이별이 가슴에 멍울로 남아 눈물을 생성한다. 그는 유년기에 사랑하는 부모와 헤어져야 했다. 자녀를 생산하지 못한 백부의 양자로 입적되어 생부生父 생모生母와 이별하게 된다. 가까이 살았지만 일상에서 어머니의 자애慈愛를 받을 수 없었던 그는 헤량할 수 없는 그리움을 가꾼다.

이재봉 시인이 발간한 4시집 『도라지꽃 연가』에 수록된 작품은 대부분 사별死別한 아내에 대한 그리움을 담고 있다. 생전에 나누었던 추억을 노래하기도 하고, 성심을 다하지 못한 미안한 마음을 담아내기도 하며, 사별 후 샘솟는 사랑과 그리움을 절절하게 노래하고 있다. 사람에게 감내하기 힘든 정서적 충격은 '배우자의 죽음'이라고 한다. 전설 속 '비익조'의 날개 하나가 꺾이어 날 수 없는 상황으로 이해하면 될 것 같다.

그 아픔과 그리움을 시로 빚어 승화시킨 『도라지꽃 연가』를 통독하고 정독하면서 다시 만날 수 없는 아득한 이별을 공유한다. 그런 마음으로 작품 감상의 여로에 나선다.

> 구봉산자락에 두고 온 당신의 넋이
> 어느새 한 송이 하얀 도라지꽃이 되어
> 풀벌레 소리 꽃잎에 담아두었다가
> 서글픈 노래로 속삭이네.
>
> 새벽 한 줄기 빗물에 세수하고
> 초저녁 별들에게 내 안부를 물으며
> 살아서 나를 기다리던 일상처럼
> 구봉산 기슭에서 바람에 기대어 서있네.
> 하현달 조각처럼 반으로 나뉘어

당신은 저승에서 나는 이승에서
떠도는 발자국마다 이슬을 매달고
손짓하며 부르는 애달픈 도라지꽃.

— 「도라지꽃 연가 3」 전문

시인은 2017년 4월에 작고한 아내가 그리워 납골당을 찾거나, 근처 산과 들을 헤맨다. 〈비 내리는 유월 어느 날〉에도 시인은 대전 시립 납골당이 있는 괴곡동을 찾는다. 그곳에서 하얀 도라지꽃을 만난다. 그때 시인은 〈당신 혼이 하얀 도라지꽃으로 피어나서/ 먼발치 목 늘여 자식들을 기다리는 모습을〉 빗방울과 함께 보았다고 전한다. 얼마 전까지 〈병실에서 하얗게 마른 몸으로/ 병마와 싸우며 안간힘으로 붙잡던 목숨〉이 하얀 도라지꽃으로 환생하였다고 믿는다. 그리하여 시인은 밤마다 홀로 피어 있을 하얀 도라지꽃을 생각하느라 잠을 이루지 못한다고 술회한다.

아내의 소천 앞에서 그는 사랑에 대한 정의를 다시 도출한다. 〈아프고 사나웠던 감정도/ 당신 앞에만 서면/ 유리창에 서린 서릿발처럼/ 입김만 대면 사르르 녹는〉 것이 사랑의 속성이라고 노래한다. 〈당신에 대한 소망, 아픔, 고뇌/ 따슨 바람처럼 안으며/ 바라만 보아도 가슴 설레는/ 산새 같은〉 눈망울로 하루를 시작하는 것이 사랑이라고 정의한다. 이렇게 나누던 사랑을 가슴에 맺히는 이슬로밖에 만날 수 없어 시인은 절절한 노래를 만든다.

2.

아내의 소천은 시인을 감상적으로 변화하게 한다. 사랑하던 어머니에 대한 그리움도 새롭고, 함께 시간을 보낸 친구도 그립고, 살면서 만나는 모든 사물들이 자신의 슬픔을 공유하는 것으로 인식한다. 외로움과 괴로움을 극복하기 위해 밖으로 나가도 그 곳에서 눈물어린 서정을 만난다. 아내의 부재는 무엇으로도 채워질 수 없는 절대적 슬픔으로 자리하기 때문이다.

생전에 아내와 나누던 말도 새롭다. 단풍이 곱게 내리던 날 시인은 아내에게 단풍 구경을 가자고 한다. 병석에 있던 아내는 〈내가 단풍인데 어딜 간다는 말이오.〉 앓아누워 하던 말이 가슴에 눈물강을 이룬다. 그래서 시인은 〈눈 내리듯/ 고운 단풍이 내리오.〉 〈허공에서 당신이 내리오./ 이 땅 위에 가득히 내리는/ 당신/ 고운 빛 가슴 속에 쌓아 두려오.〉라면서, 시인은 자신의 가슴에 고운 단풍을 담아 둔다. 그 단풍은 바로 아내의 보조관념이다. 그 단풍마저 떠난 자리는 부재의 극점極點이다.

당신이 머물던 둥지는
비어 있습니다.
사랑 냄새 달콤하던 그 자리도
비어 있습니다.
풍성하던 꽃, 잎새
모두 버린 깊은 겨울 산길에서
상고대처럼 투명 얼음으로 옷 입은 마른 가지는
엄동설한의 겨울, 뼈 시린 고독일 텐데
해 뜨면 녹아 사라질 허무 같은 미련이었습니다.
당신은 떠났지만 난 당신을
아침마다 이슬처럼 매달고 살아가는
가냘픈 나뭇가지일 뿐입니다.
차가운 바람이 부는 이 동한에
얼어붙은 꽃눈, 잎눈에도

당신이 두고 간 따슨 정 때문에
봄은 오겠지요.
빈 둥지에
아침노을이 나를 위로합니다.

―「이별」 전문

사랑하는 사람과의 이별은 우주를 상실한 것과 같다. 〈풍성하던 꽃, 잎새/ 모두 버린 깊은 겨울 산길〉과 같다. 얼음을 둘러쓰고 서 있는 마른 나뭇가지를 볼 때마다 〈해 뜨면 녹아 사라질 허무〉를 상상하게 한다. 그리하여 시인은 아침마다 얼음이 녹은 이슬을 눈물처럼 매달고 살아간다. 시인은 〈속울음만 울던 슬픈 별이 되던 날/ 가난한 가슴을 눈물로〉 안아줄 수밖에 없었던 자신이 미울 뿐이다.

그는 늦은 저녁에 〈하얀 쌀밥을/ 밥솥 가득 앉혔다.〉고 고백한다. 〈김이 모락모락 오르는 하얀 밥그릇〉을 앞에 두고 그는 한 숟가락도 먹을 수 없었다. 다만 〈밥도 못 먹고 쓸쓸히 떠난/ 당신〉이 생각나서 「하얀 쌀밥」을 매일 저녁 짓는다. 먹지도 않을 밥, 함께 먹을 사람도 없는 밥, 그러나 시인은 저녁에 밥을 짓는다. 아내는 이미 〈돌아오지도 못할 길〉을 떠났다. 그래서 그는 〈해 저무는 들길에서/ 하늘길에 대고 이름만 부르다/ 풀잎처럼 스러질〉 노을로 자신을 채운다.

어젯밤 홀로 뜬 초승달도
새벽 늦도록 아침을 기다리던 샛별도
당신 그리워 이슬이 되었지요.

불타던 노을이 어둠에 묻힐 때

이유 없이 서글펐던 것도
당신이 그리워서였지요.

온 종일 당신 생각으로
힘들어 하다가
끝내 내 가슴에 비가 내립니다.

그립다는 건 남은 사람의 몫인가요,
사랑한다는 건
이별의 다른 이름인가요?

아침마다 내 가슴에 맺히는 이슬
사랑 때문입니다.
당신 때문입니다.

— 「당신 때문에」 전문

노을과 이슬이 그의 삶을 지탱하는 정서적 객체로 기능한다. 그렇지만 다른 사물들에서도 시인은 동질적인 그리움을 생성한다. 〈그립다는 건 남은 사람의 몫인가요,/ 사랑한다는 건/ 이별의 다른 이름인가요?〉라는 명제가 독자의 가슴에 눈물의 공감대를 형성할 것 같다. 시인은 〈명자나무꽃 사이에 숨은 수줍은 봄처럼/ 조팝나무꽃 사이로 떠난 하얀 순결처럼/ 산벚꽃에게 남기고 간 당신의 수수함처럼〉 아내를 사랑하고, 아내를 그리워한다. 〈봄꽃이 지기 전에/ 당신이 머물던 그 창가에/ 오신 듯 아니 오신 듯/ 고운 빛 물들이고 돌아가소서.〉 눈물어린 상봉을 염원한다.

시인은 아내가 '하늘길'로 떠났다고 하여 하늘을 바라보는 게 습관이 된다. 〈노을 지는 저녁마다/ 기다릴 사람이 없기에/ 빈 서녘 하늘을 멍하니〉 바라본다. 〈당신이 너무 보고 싶어서〉 〈당신 떠난 그 자리가/ 너무 허전해서〉 아내가 떠난 하늘을 바라보며 눈물 짓는다. 그는 하늘을 바라보며, 그곳에서는 〈아프지 말고 살아달라고/ 울면서 기도하는 나의 간구가/ 하늘〉에서 꼭 이루어지기를 소망한다. 이러한 소망과 함께 자신의 슬픈 마음을 바람에 실어 날린다.

> 찬바람 모퉁이 도랑물 곁
> 밤새워 하얀 달빛을
> 온 몸에
> 하얗게 받고 서서
> 별처럼 속삭이던 그 날의
> 당신이 그리워서
> 가늘게 흐르는 물소리에
> 당신의 이름을 불러보는
> 하얀 추억들
> 그리운 맘
>
> 바람에 하나씩 날리고 있다.
>
> — 「물억새꽃」 전문

물억새꽃을 바람에 날리며 추억마저 잊고자 하는 내면이 애절하다. 이렇게 잊으려고 하면 할수록 그리움이 새롭게 생성된다. 시인에게 아내는 애인이면서 친구였던 듯하다. 그 친구는 〈50년도 더 된 씨간장 같은 친구〉 〈못 보면 눈물나도록 보고픈 친구〉 〈언제라도 두 팔 벌려 안을 수 있는 친구〉 〈촉촉이 젖은 이 마음을 햇볕에 말려 줄 친구〉 〈굳이 말하지 않아도/ 굳이 귀 기울이지 않아도 통하는 친구〉이다. 그래서 그 친구는 〈만남 하나하나에

의미와 가치를 두지 않아도/ 그저 눈빛 하나만 보고도 그저 몸짓 하나만 보고도/ 내 사랑은 그대 그릇 안에 오롯이 담겨 있습니다./ 친구 사랑도 내 안에 소록소록 쌓여듭니다.〉라고 「오래 된 친구」에서 노래한다.

앓아누워 있던 아내는 연인이면서 '친구'와 같았을 터이다. 병실에 입원해 있다가 하늘길로 멀리 떠난 것 같았을 터이다. 〈그대 떠난 뒤에는/아슬아슬하던 응급실 수은등도/ 가슴 졸이던 중환자실 앞의 이름표도/ 먼 하늘 외딴 별처럼〉 사라졌을 터이다. 〈눈물도 마른 어느 초여름/ 외롭던 산길에는 풀꽃 한 송이 피지 않고/ 저녁노을마저 사라진 당신 묻힌 산길〉에는 흙먼지만 날렸을 터이다. 그리하여 그는 〈저녁마다 찾아오는 희망이 무너진 빈 둥지/ 밤의 나뭇잎 사이로 비추는 희미한 별빛/ 밤마다 기억되지 않는 수많은 기도〉를 드린다. 이러한 기도는 주체할 수 없이 흘러넘치는 정서情緖를 어느 정도 가라앉게 하여 정조情操의 경지로 인도한다.

당신 살아 소원처럼 바랐던
손잡고 다니자던 탄방동 성당
끝내 들어주지 않았던 당신 소원을
당신 떠난 뒤에 후회로 남아서
일주일에 두 번 미사를 드립니다.
수녀님은 실비아가 하늘에서 기도로
나를 인도하셨다고 기뻐하시고
신부님은 축복의 안수를 주셨습니다.
당신 보고 계신지요?
당신이 남기고 간 자식, 손녀, 그리고 나
모두 성전에 앉아 기도 드리는 모습

거기 그 자리에 당신도 계시지요?
성모 마리아님, 예수 그리스도님,
이 세상 끝날 때까지 저희와 함께 하소서.

— 「탄방동 성당에서」 전문

이재봉 시인의 아내 실비아(세례명)의 소원은 온 가족이 성당에 다니는 것이었다고 한다. 그러나 시인의 내면에는 토속화된 불교적 심상이 드리워 있던 터여서 그 소원을 들어주지 못하였는데, 아내의 부재를 맞아 그 소원을 따르게 된다. 아내 생전에 그 소원을 들어주었으면 좋았을 터이지만, 때늦은 후회와 미안함, 그리고 그에 대한 그리움과 사랑이 시인을 탄방동(대전광역시 서구 탄방동 소재) 성당으로 인도한 것이다. 가족들이 참석하여 드리는 미사에 〈거기 그 자리에 당신도 계시지요?〉 아내의 임재臨在를 믿는다.

그는 아내가 소망하던 일들을 실천하며 아내에게 미안했던 마음을 씻고자 한다. 〈당신을 잃고 나서 한동안 밖에 나가는 것조차 두렵기만 하였습니다./ 마치 꽃에게도 죄를 지은 것 같아서입니다.〉 〈사랑하는 사람을 잃은 사람들은/ 작은 들꽃 하나에도 님을 연관 지어 그리워합니다.〉 그러나 아내의 작은 소원들을 하나씩 실천하면서 죄를 지은 두려움이 조금씩 씻기게 된다. 그리하여 〈이제는 당신 그리우면 꽃 보러 가렵니다./ 당신은 꽃이었으니까요.〉라는 애이불비哀而不悲의 경지에 이른다.

3.

이재봉 시인은 소천한 아내와 함께 나누었던 시공(時空)과 사물(事物)에 예민하게 반응한다. 생전에도 사랑과 배려로 맺어진 사이였겠지만, 이승과 저승으로 나뉘어 살면서 더욱 그립게 마련이다. 〈예전에 손잡고 건넜던 개울길 옆/ 퇴색된 갈대들과 망초꽃들만/ 찬바람 곁에 떨고 있었다.〉 〈저 억새꽃처럼 멀리 서 있는/ 당신이 그립습니다.〉 〈먼 노을 곁에 두고 오는 당신이/ 많이도 보고 싶습니다.〉 등에서 그의 사랑과 그리움을 유추하게 된다.

더 나아가 〈창가에 비가 내리면/ 나는 당신 속에 하염없이 빠져듭니다./ 그리움마저 비가 됩니다.〉라면서 가슴에 흐르는 눈물을 비유한다. 〈오히려 그 기다림이 설움이 될 때까지/ 나는 당신의 사랑을/ 가슴에 꽃등으로 밝히며 살겠습니다.〉라며 영원한 사랑을 다짐한다. 〈혹 날 그리워하며/ 비에 젖은 나목처럼 떨고 있을까/ 두렵습니다.〉라며 저승의 아내가 힘들지 않기를 소망한다. 이러한 소망은 어린 시절에 보았던 어머니의 정성과 기원에 바탕한 것 같다.

성황당 돌 제단 위에 놓은
고사떡 하나에도
두 손 가지런히 모으고
장독대 위에 떠 놓은
정화수 한 그릇에도
별이 되신 어머니의
기도가 잠겨 있다.

수숫대 같은 어머니의 손끝마다
주문처럼 외는 기도

흙 묻은 무명치마
가난 속에서도
자식 위해 빌던 치성
지금은 어머니 빈 가슴만
내 가슴에 별로 떠 있다.

— 「어머니의 치성」 전문

시인의 어머니로 대유되는 오래 전 우리 한국의 어머니들은 정성과 사랑으로 가족의 건강과 안녕을 기원하였다. 성황당 돌 제단 위에 놓은 고사떡, 장독대 위에 떠 놓은 정화수, 정갈하게 빨아 입은 '흰옷'의 염결성廉潔性 등은 우리의 정신자세를 가다듬게 하였을 터, 이를 보고 자란 시인 역시 그러하다. 아내를 간병할 때나, 아내를 보낸 지금이나, 시인은 〈어머니 빈 가슴만/ 내 가슴에 별로 떠 있다.〉며 정성과 사랑을 계승하여 실천한다.

이재봉 시인의 세 권 시집 『그대가 그리는 그림』 『사랑, 그것은 지지 않는 노을입니다』 『사랑, 그리움 그리고 기다림』 등에서 그는 다양한 사랑과 그리움을 노래하였다. 4번째 시집 『도라지꽃 연가』 역시 사랑과 그리움을 노래하고 있지만, 세 권의 시집에서 보이는 것보다 절절한 아픔을 동반하고 있다. 이는 아내를 하늘로 보낸 남편의 가슴이 송두리째 들어 있기 때문이다. 물론 다른 제재로 빚어진 작품도 있지만, 4시집의 중심은 '아내와의 사별'이다.

이재봉 시인이 간 길을 아직 가보지 않은 필자로서 그 내면의 아픔, 괴로움, 사랑, 그리움의 절절함을 제대로 살려내지 못했으리라. 이런 고백으로 남은 작품의 감상을 독자들에게 맡긴다. 다만 이재봉 시인의 내면적 추이를 간략하게 정리한다. 아내를 여읜 슬픔의 폭발적 감정感情에서, 작품으로 전환되는 정서情緖의 과정을 노래하였으니, 앞으로는 고차원적인 정조情操의 경지에 이르기를 기원하며, 이재봉 4시집 『도라지꽃 연가』 에 수록된 작품 감상의 여로를 맺는다.

도라지꽃 연가

이재봉 시집

발 행 일 | 2017년 9월 20일
지 은 이 | 이재봉
발 행 인 | 李憲錫
발 행 처 | 오늘의문학사
출판등록 | 제55호(1993년 6월 23일)
주 소 | 대전광역시 동구 대전로 867번길 52(한밭오피스텔 401호)
전화번호 | (042)624-2980
팩시밀리 | (042)628-2983
전자우편 | hs2980@hanmail.net
카 페 | cafe.daum.net/gljang(문학사랑 글짱들)
cafe.daum.net/art-i-ma(아트매거진)

공 급 처 | 한국출판협동조합
주문전화 | (070)7119-1752
팩시밀리 | (031)944-8234~6

ISBN 978-89-5669-842-7
값 12,000원

* 이 책은 교보문고에서 E-Book(전자책)으로 제작 · 판매합니다.

* 잘못 제작된 책은 바꾸어 드립니다.

* 이 책은 대전문화재단 과 대전광역시에서 사업비 일부를 지원받았습니다.